BEI GRIN MACHT SICH IHR WISSEN BEZAHLT

- Wir veröffentlichen Ihre Hausarbeit, Bachelor- und Masterarbeit

- Ihr eigenes eBook und Buch - weltweit in allen wichtigen Shops

- Verdienen Sie an jedem Verkauf

Jetzt bei www.GRIN.com hochladen und kostenlos publizieren

Führungswechsel bei der Office-Ausstattung GmbH. Agile Leadership im Test

Bibliografische Information der Deutschen Nationalbibliothek:

Die Deutsche Nationalbibliothek verzeichnet diese Publikation in der Deutschen Nationalbibliografie; detaillierte bibliografische Daten sind im Internet über http://dnb.d-nb.de abrufbar.

ISBN: 9783346870247
Dieses Buch ist auch als E-Book erhältlich.

© GRIN Publishing GmbH
Trappentreustraße 1
80339 München

Alle Rechte vorbehalten

Druck und Bindung: Books on Demand GmbH, Norderstedt Germany
Gedruckt auf säurefreiem Papier aus verantwortungsvollen Quellen

Das vorliegende Werk wurde sorgfältig erarbeitet. Dennoch übernehmen Autoren und Verlag für die Richtigkeit von Angaben, Hinweisen, Links und Ratschlägen sowie eventuelle Druckfehler keine Haftung.

Das Buch bei GRIN: https://www.grin.com/document/1356137

Fallstudie: Führungswechsel bei der Office-Ausstattung GmbH

Studiengang:
Digitale Transformation (Master)

Agile Leadership

Vorwort

Zur Verbesserung der Lesbarkeit wird keine geschlechtsspezifische Sprache verwendet. Unabhängig vom Stil richtet sich der Text jedoch gleichermaßen an Frauen, Männer und diverse Personen.

I. Inhaltsverzeichnis

Vorwort II

I. Inhaltsverzeichnis III

II. Abkürzungsverzeichnis IV

III. Abbildungsverzeichnis V

1. Einleitung 1

    1.1. Ausgangssituation und Problemstellung 1

    1.2. Struktur der wissenschaftlichen Arbeit/ Fallstudie 1

2. Transformation der Arbeitswelt 2

    2.1. Herausforderungen am Markt 2

    2.2. Interne Herausforderungen der Office-Ausstattung GmbH 3

    2.3. Mögliche Lösungsansätze für die Office-Ausstattung GmbH 3

3. Erarbeitung eines Change-Management Konzepts 4

    3.1. Die acht Phasen des Digital-Change 2.0 4

    3.2. Ursache und Umgang mit möglichen Widerständen 9

4. Abschluss 10

IV. Literaturverzeichnis 11

V. Anhang 13

II. Abkürzungsverzeichnis

bzw.	beziehungsweise
et al.	et alii
ggf.	gegebenenfalls
GmbH	Gesellschaft mit beschränkter Haftung
S.	Seite
u.a.	unter anderem
vgl.	vergleiche
VUCA	Akronym für Volatility, Uncertainy, Complexity und Ambiguity
z.B.	zum Beispiel

III. Abbildungsverzeichnis

Abbildung 1: Das Rad der agilen Veränderung 13

Abbildung 2: Kanban Board 14

Abbildung 3: Verlauf von Verhaltensmustern im Change-Management Prozess 15

1. Einleitung

Ein neuer frischer Blickwinkel kann bei der Identifikation von bestehenden und neuen Herausforderungen unterstützend wirken. Diese Änderung des Blickwinkels zu zulassen ist jedoch eine große Herausforderung und kann durch externe sowie interne Faktoren stark beeinflusst werden. Diese Fallstudie befasst sich mit dem mittelständischen Unternehmen Office-Ausstattung GmbH, welche sich mit einigen Herausforderungen, wie z.b. dem Generationswechsel innerhalb der Geschäftsführung und der zukünftigen Digitalisierung von Prozessen und Arbeitsabläufen befasst. Auf Basis dessen ist es wichtig die Notwendigkeit der Veränderung mit Hilfe eines Change-Managements zu erarbeiten, denn der Faktor Mensch ist bei der Bestimmung des zukünftigen Erfolgs des Unternehmens eine entscheidende Rolle. Bei einem solchen Prozess entstehen häufig Ängste und mögliche Widerstände der Mitarbeiter, die hierbei nicht außeracht gelassen werden sollten.

1.1. Ausgangssituation und Problemstellung

Die Office-Ausstattung GmbH ist ein traditionelles Familienunternehmen mit Spezialisierung auf den Vertrieb von Bürobedarf. Seit 35 Jahren wird das Unternehmen vom Inhaber Klaus Schmidt geführt. Sein Fokus lag stets auf einer funktionsorientierten Unternehmensstruktur sowie seinem hierarchischen Führungsstil, die die Unternehmenskultur stark geprägt hat. Durch die Pandemie in den letzten Jahren wuchsen die Unternehmensherausforderungen immer mehr z.B. wurde das Produktangebot immer unwichtiger und der Umsatz stagniert seitdem, was sich im Rückgang der Mitarbeitermotivation widerspiegelt. Der Versuch die Mitarbeiter wiederholt zu mehr Motivation zu drängen blieb ohne Erfolg. Nun geht Klaus Schmidt in Ruhestand und übergibt die Unternehmensführung seinem Sohn Martin Schmidt. Martin Schmidt möchte das Unternehmen schnellstmöglich wieder an die Wettbewerbsfähigkeit heranführen und an das digitale Zeitalter anpassen.

1.2. Struktur der wissenschaftlichen Arbeit/ Fallstudie

Die Einleitung beinhaltet eine kurze Zusammenfassung über die Problemstellung sowie einen Überblick über die aktuelle Situation der Office-Ausstattung GmbH und deren Herausforderungen. Im folgenden Hauptkapitel wird zunächst auf die Transformation der Arbeitswelt und folgend auf die Herausforderungen auf dem Markt sowie innerhalb der Office-Ausstattung GmbH eingegangen. Abschließend werden mögliche Lösungsansätze für die Office-Ausstattung GmbH dargestellt. Nachfolgend wird ein Change-Management Konzept auf Basis der Acht-Stufen-Prozess nach J. P. Kotter bzw. dem Digital Change 2.0 nach M. Kupiek erstellt, welches bei der Transformation des Unternehmens unterstützend wirken soll. Darauf folgt die Darstellung von Widerständen mit möglichen Ursachen und dessen Umgang. Abschließend wird eine Zusammenfassung und eine kritische Würdigung mit den angesprochenen Themen für die Office-Ausstattung GmbH erstellt.

2. Transformation der Arbeitswelt

Die traditionelle Arbeitswelt bezieht sich auf eine Umgebung, in der Prozesse manuell und papierbasiert sind und Technologie eine untergeordnete Rolle spielt. Die Kommunikation und Übermittlung von Informationen werden hauptsächlich von Angesicht zu Angesicht oder über Papierdokumente übertragen, sodass es nur wenig Raum für Flexibilität oder Remote-Arbeit gibt. Durch starre Arbeitsabläufe, manuelle Verarbeitungen von Daten mit menschlichem Eingriff und eine geringe Verwendung von Technologie zur Speicherung und Analyse von Informationen lässt sich die alte Arbeitswelt gut darstellen.[1] Die digitale Transformation hingegen bezieht sich auf den Prozess, bei dem Unternehmen und Organisationen ihre Geschäftsprozesse und Arbeitsabläufe digitalisieren, um effizient, produktiv und wettbewerbsfähig zu sein. Des Weiteren umfasst die Verwendung von Technologien wie z.B. Cloud-Services, künstliche Intelligenz und Automatisierung die Geschäftsprozesse, zur Optimierung und Vereinfachung der Arbeit mit neuen Geschäftsmöglichkeiten. In der Zeit der Digitalisierung kann die Einführung von flexiblen Arbeitszeitmodellen sowie Remote- und Telearbeit sinnvoll sein. Dies stärkt und steigert die Produktivität und Zufriedenheit der Mitarbeiter.[2] Weitere Vorteile neben der Effizienzsteigerung und Flexibilität können Kosteneinsparungen und im Idealfall Zukunftssicherheit sein. Die Kosteneinsparung beinhaltet die automatisierten Prozesse und die Optimierung von Geschäftsabläufen, aber insbesondere auch manuelle Prozesse, bei denen die Fehlerquote und Ineffizienz zu hohen Kosten führen kann. Die Zukunftssicherheit umfasst die Tatsache, dass Unternehmen in der Lage sind, schnelle Veränderungen bzw. Anforderungen des Marktes durch die Digitalisierung umzusetzen.[3]

2.1. Herausforderungen am Markt

Eine der größten Herausforderungen bei der digitalen Transformation von Unternehmen und wie in unserem Fall im Mittelstand, ist der Mangel an Ressourcen insbesondere im Hinblick auf Fachkräfte und finanzielle Mittel. Zudem besteht oft eine geringe Bereitschaft, in neue Technologien zu investieren und Veränderungen vorzunehmen. Ein weiteres Problem ist die mangelnde Digitalisierungskompetenz, was es schwierig macht, die richtigen Technologien auszuwählen und erfolgreich einzusetzen.[4] Dies führt meist zu Demotivation und Verringerung der Produktivität. Diese Herausforderungen können jedoch durch gezielte Unterstützungsangebote, wie z.B. Förderprogramme und Schulungen, überwunden werden.[5] Die Datensicherheit ist ein weiteres Thema bei der Verwendung von digitalen Medien, da hierbei ein hohes Risiko von Datenverletzungen und Cyber-Angriffen möglich sind. Daher muss ein Unternehmen dazu Maßnahmen ergreifen, um die Datensicherheit zu gewährleisten und das Vertrauen der Kunden und Mitarbeiter zu erhalten. Durch die Einführung von digitalen Technologien benötigen die Unternehmen eine hohe Anfangsinvestition. Hierdurch wird die

---

[1] vgl. Miebach, B., 2020, S. 326-330.
[2] vgl. Oswald, G. und Krcmar, H., 2018, S. 41-42.
[3] vgl. Fortmann, H. R., 2020, S. 46-49.
[4] vgl. Ternés, A., Schieke, S., 2018, S. 14-16.
[5] vgl. Fortmann, H. R., 2020, S. 120-122.

Gewinnerzielung zu Beginn beeinflusst. Durch die Automatisierung der Arbeitsprozesse entsteht meist ein Verlust von Arbeitsplätzen, da in bestimmten Bereichen die Mitarbeiter nicht mehr benötigt werden.[6]

2.2. Interne Herausforderungen der Office-Ausstattung GmbH

In den vergangenen Jahren unter der Führung von Klaus Schmidt kam es im Unternehmen zu einigen Vernachlässigungen. Es fehlte an Lösungsansätzen, um die Mitarbeiter wieder zu ihrer Motivation zurückzuführen. Durch den transformativen Führungsstil wurden die Mitarbeiter von Herrn Schmidt stetig in eine starke Abhängigkeit gedrängt, wodurch die Komplexität der Betriebsabläufe sich erhöhte. Änderungsideen der Mitarbeiter zur Anpassung des Unternehmens oder des Produktportfolios wurden stets abgelehnt und führen daher zu fehlenden Anreizen und Innovationsfreude. Des Weiteren steht das Unternehmen vor der Herausforderung des demografischen Wandels, da der Großteil der Mitarbeiter aus einem steigenden Altersdurchschnitt von Experten besteht, die selbst in den nächsten Jahren in Ruhestand gehen und so nicht viel Zeit bleibt, ihr Wissen an geeignete Nachwuchskräfte, weiterzugeben. Diese Situation resultiert daraus, dass es schwer ist Nachwuchskräfte zu finden, die in einem veralteten Unternehmen ohne Innovationen und starrem Führungsstil zu arbeiten. Ein weiterer Aspekt ist, dass die Generation Y sich auf den Markt drängt, welche mit der Digitalisierung aufgewachsen ist und sich das Arbeiten in einem veralteten Unternehmen nicht vorstellen kann. Durch die daraus entstandene Fluktuation der Nachwuchskräfte konnten keine neuen Fachkräfte aus- und weitergebildet werden.

2.3. Mögliche Lösungsansätze für die Office-Ausstattung GmbH

Mit Übernahme der Geschäftsführerposition wird Martin Schmidt in die Fußstapfen seines Vaters treten. Martin Schmidt ist hoch motiviert und kennt das Unternehmen bereits sein ganzes Leben, da er bereits seit dem Schulalter in jeder Abteilung ausgeholfen hat. In den letzten Jahren war Martin Schmidt festangestellter Mitarbeiter und wird von den Mitarbeitern sehr geschätzt. Über die anstehenden Herausforderungen ist er sich bewusst und hat eine klare Vorstellung zur Transformation des Unternehmens, wie:

- Aufbau eines Internetauftritts mit einem inkludierten Internetshop für den Verkaufs- und Beratungsprozess, zur Erweiterung des Kundenstamms
- Kostenreduktion durch neue technische Möglichkeiten
- Modifizierung des Dienstleistungs- und Produktportfolios mit Fokus auf Nachhaltigkeit und Umweltfreundlichkeit der Materialien, wie z.B. in Gebrauch befindliche Büromöbel
- Digitalisierung von möglichen Arbeitsprozessen, wie z.B. Remote-Arbeitsplätze oder flexible Arbeitsmodelle
- Neuausrichtung der Mitarbeiterqualifikationen sowie der Führungskultur

---

[6] vgl. Kugler, S., Anrich, F., 2018, S. 86-89.

Durch die umfassende Transformation des Unternehmens und der speziellen Führung aus der Vergangenheit wird im Folgenden ein Change-Management Konzept entwickelt, welches die anstehenden Veränderungen im Unternehmen zielgerichtet unterstützen wird.

3. Erarbeitung eines Change-Management Konzepts

Die Herausforderung besteht in der Entwicklung und Umsetzung eines geeigneten Change-Management Konzepts im Unternehmen. Eine mögliche Methode stellt J. P. Kotter mit seinem Acht-Stufen-Prozess dar, mit dem ein Change in einem Unternehmen umgesetzt werden kann.[7] Kotter macht deutlich, dass der Veränderungsprozess in einzelnen Phasen abläuft, die insgesamt viel Zeit in Anspruch nehmen. Dennoch sollten keine Phasen ausgelassen werden, um schneller das Ziel zu erreichen, auch wenn der Wunsch dafür besteht. Die ersten vier Phasen sind die wichtigsten Phasen nach Kotter, die das Fundament für das weitere Vorgehen darstellt.[8] Obwohl dieses Modell alle etablierten Standards abdeckt, werden nicht alle Aspekte aufgegriffen, um eine schnelle Veränderung in der digitalen Transformation abzudecken. Daher hat M. Kupiek den Acht-Stufen-Prozess von Kotter überarbeitet und unter dem Titel ‚Digital Change 2.0' veröffentlicht. Sowie Kotters Acht-Stufen-Prozess umfasst Kupiek überarbeitet Modell acht Phasen, bei dem er auf die Umsetzung eines modernen Change-Managements abzielt.[9] Das Modell von Kotter und Kupiek eignet sich für die Office-Ausstattung GmbH, da die einzelnen Stufen bzw. Phasen den Fokus auf Motivation, Kommunikation und Mitarbeiterintegration beinhalten, welche in der Vergangenheit außen vorgelassen wurden. Dies könnte Dreh- und Angelpunkt sein, die das Unternehmen bei einer digitalen Transformation maßgeblich bestärken könnte. Die Konzeption nach Kupiek definiert jede einzelne Phase des ‚Digital Change 2.0' Modell und kann gut auf die Office-Ausstattung GmbH angewendet werden.

3.1. Die acht Phasen des Digital-Change 2.0

1. Dringlichkeit erkennbar machen

Um die neuen Herausforderungen für Martin Schmidt und die weitere digitale Transformation des Marktes zu beschreiben, eignet sich das VUCA-Modell nach Kurt Gaubinger.[10]

V: Volatility (Volatilität)
U: Uncertainy (Unsicherheit)
C: Complexity (Komplexität)
A: Ambiguity (Ambiguität - Mehrdeutigkeit)

Die neuen Herausforderungen der Office-Ausstattung GmbH lassen sich den genannten Punkten des Modells zu ordnen. Hierbei können z.B. die Veränderungen der Kundenbedürfnisse eine Rolle spielen, die neue innovativere Produkte wünschen. Dies setzt jedoch voraus, dass die Unternehmensleitung den Mitarbeitern klarmacht, dass ein radikaler Wandel notwendig ist, um das Überleben

---

[7] vgl. Kotter J. P., 2007, S. 99.
[8] vgl. Kotter, J. P., 2007, S. 33.
[9] vgl. Kupiek, M., 2020, S. 7-8.
[10] vgl. Gaubinger, K., 2021, S. 7.

des Unternehmens in der Branche und die vorhandenen Arbeitsplätze der Mitarbeiter zu sichern. Die daraus resultierende Angst und Unsicherheit sollte den Mitarbeitern genommen und in Motivationsbildung umgewandelt werden. Die Vermittlung des Veränderungsvorhabens sollte dabei nicht unberücksichtigt bleiben, denn dafür sollen die neuen Kräfte der Mitarbeiter investiert werden.[11]

2. Visionsbildung und Ansätze der Ko-Kreation

Martin Schmidt hat schon konkrete Vorstellungen, wie das Unternehmen moderner und digitaler werden kann. Er möchte die Mitarbeiter bei seiner Visionsumsetzung allerdings beteiligen und ihre Ideen, Meinungen und Wissen berücksichtigen.[12] Der Aufbau eines Veränderungsprojektteams ist dabei der Motor und die Verantwortung für den aktiven Wandel. Die Teammitglieder sollten bestimmte Kompetenzen besitzen, um das Projekt voranzutreiben. Darunter zählen u.a. Experten mit ihrem Know-How und Mitarbeiter mit Kommunikationsfähigkeiten, die frei über das Projektziel und dessen Inhalte berichten können.[13]

Wichtig bei der Gestaltung der Teams ist, dass nicht nur Führungskräfte, sondern auch Mitarbeiter der Office-Ausstattung GmbH mit in die Projektteams involviert werden. Um einen objektiven Blickwinkel auf den Veränderungsprozess zu erhalten, gibt es die Möglichkeit einen externen Berater mitzuinvolvieren. Dieser hilft mit seinem Know-How und externen Wissen, wie die Teams durchdacht an ihr Umsetzungsziel gelangen.

Ein weiterer Ansatzpunkt stellt ein Mitarbeiterideenwettbewerb oder auch Mitarbeiterideenmanagement dar. Hier haben die Mitarbeiter die Möglichkeit, ihre Ideen und Wünsche zur Weiterentwicklung des Unternehmens einzubringen. Die Steigerung der Motivation ist dabei nicht ausgeschlossen. Einzelne Wettbewerbe sollten nicht länger als vier Wochen dauern und die Teilnahme sollte während der Arbeitszeit möglich sein. Besondere Kompetenzen sind hier nicht erforderlich. Zu beachten ist, dass die Ideen und Umsetzungswünsche auf kurzfristiger Basis erfolgen sollten und eine geringe Investition voraussetzen.[14]

Dadurch, dass in der Vergangenheit Ideen und Veränderungswünsche von Klaus Schmidt als ehemaligen Geschäftsführer keine Aufmerksamkeit geschenkt wurden, sind die neuen Umsetzungspunkte eine gute Möglichkeit. Mitarbeiter können hierbei neue Innovationen wie z.B. Aufbereitung und Abverkauf von in Gebraucht befindliche Büromöbel oder Optimierungen von Prozessen oder Abläufen von Bestellungen bis hin zur Lieferung von Büromöbeln, einbringen. Die Ansatzpunkte unterstützen bei der Transformation und involviert die Mitarbeiter, welche das Prinzip verstehen und bei der Umsetzung dabei sein wollen.

---

[11] vgl. Kotter, J. P., 2007, S. 97-98.
[12] vgl. Stolzenberg, K., Heberle, K. 2021, S. 174.
[13] vgl. Stolzenberg, K., Heberle, K. 2021, S. 200-201.
[14] vgl. Stolzenberg, K., Heberle, K. 2021, S. 234.

Dafür hat Gerald Hüther drei Faktoren der Motivation formuliert, um dies zu bestärken. Die Aufgabe muss für die Mitarbeiter einen *Sinn* ergeben, ansonsten sind sie ziellos und demotiviert. Des Weiteren müssen die Aufgaben stimmig und nachvollziehbar sein (*Kohärenz*) oder einen Widerstand der Mitarbeiter wird aufgebaut. Der dritte Faktor ist die *Wirksamkeit* und beinhaltet, dass die Mitarbeiter sich als großes Ganzes sehen und nicht als ein kleines Zahnrad im Getriebe, die nicht berücksichtigt werden. Ist dies der Fall, dann vermindert sich die Motivation der Mitarbeiter spürbar.[15]

3. Selbstorganisation und Bildung von Netzwerken

Teams sollen zur Selbstorganisation befähigt werden, um eigenständig Lösungsansätze und die damit verbundenen Herausforderungen zu lösen. Entscheidend bei diesem Punkt ist, dass die Führungskraft keinen Rahmen feststeckt, der zur Lösung beiträgt, da die Teams wie bereits erwähnt u.a. aus selbstorganisierten Experten zusammengestellt sind.[16]

Diese Umsetzung ist eine Möglichkeit für die Veränderungsprojektteams, da diesen aus unterschiedlichen Teilteammitgliedern zusammengesetzt werden könnten. Der Vorteil ist, dass die jeweiligen Projektmitglieder in anderen einzelne Teilprojekte mitarbeiten, ihr Input beisteuern können und gut untereinander vernetzt sind. Ein Beispiel dafür ist bei der Office-Ausstattung GmbH, dass es ein Teilprojekt zu ‚in Gebrauch befindliche Möbeln' gibt. Hierbei soll die Projektgruppe ihre Ideen einbringen, was mit den Möbeln in Zukunft passieren könnte. Sollen die Möbel aufbereitet werden und wiederverkauft werden oder sollen die Möbel neugestaltet werden?

4. Kommunikation der Vision im Dialog in Echtzeit

In der vierten Phase wird die Vision erarbeitet, mit ausgewählten Mitarbeitern diskutiert und diese für die anstehende Transformation gewonnen. Entscheidend dabei, wie mit den Mitarbeitern kommuniziert wird. Die Vision soll z.B. bildlich vorstellbar, für jeden verständlich, spezifisch für das Unternehmen und prägnant mit wenigen Wörtern für alle Mitarbeiter darstellbar sein. Das zu Beginn die Vision nicht komplett ausgereift und allgemein sowie lückenhaft formuliert ist, stellt kein Problem dar, da sich im Laufe der Transformation die Maßnahmen dazu entwickeln.[17]

5. Mitarbeiterbeteiligung am Wandel

Sobald die Notwendigkeit und die Vision von den Veränderungsprojektteams verstanden wurde, sollten die Mitarbeiter aktiv in den Veränderungsprozess miteingebunden werden. Dabei könnte der Einsatz einer Fokusgruppe zum Tragen kommen. Eine Fokusgruppe wird zeitlich begrenzt eingesetzt, um konkrete Themen aus unterschiedlichen Perspektiven zu betrachten und zu beantworten. Mitarbeiter sowie Führungskräfte können sich in einer solchen Gruppe einbringen, solange sie einen konstruktiven Beitrag zu dem Thema leisten können.[18] Eine weitere Möglichkeit besteht in der Gründung eines Beratungsteams, bei dem die Mitarbeiter in der Umsetzungsphase mit ihrem Know-How

---

[15] vgl. Hüther, G. et al., 2008, S. 147.
[16] vgl. Andresen, J., 2018, S. 134-135.
[17] vgl. Rolle, J., 2018, S. 127-129.
[18] vgl. Stolzenberg, K., Heberle, K. 2021, S. 204.

und Feedback beratend zur Seite stehen. Dabei ist zu beachten, dass die Mitarbeiter dieser Gruppe direkt von Veränderungen betroffen sind, doch tragen sie eher zu der Qualitätssicherung des Konzeptes bei. Dabei können alle Mitarbeiter an der Beratungsgruppe teilnehmen, soweit sie Experte und betroffene der Veränderung sind.[19] Eine weitere Möglichkeit für die Umsetzung der Veränderungen und der Einbindung von Mitarbeitern, sind Multiplikatoren(teams). Diese übergeben zum einen Informationen an die Kollegen und zum anderen sammeln sie Feedback von ihnen ein, um es an die Veränderungsprojektteams zu übergeben. Hierbei sind Mitarbeiter wichtig, die einen guten Kontakt zu den eigenen Kollegen pflegen können und kommunikativ stark sind.[20]

Um bei der Office-Ausstattung GmbH eine erfolgreiche Umsetzung zu gewährleisten, bietet sich die Gründung und Einbeziehung der Mitarbeiter in solch einer Weise an. Hierbei kann die Transformation bzw. Veränderung positiv durch die Mitarbeiter beeinflusst werden und zu einer Akzeptanz und zu mehr Motivation dessen führen (Erfolgsfaktoren).

6. *Erzielung kurzfristiger Ziele*

Um eine kurzfristige Zielerreichung zu erhalten, welche sich in der Transformation positiv auswirkt, eignen sich agile Methoden, wie z.B. das agile Scrum. Die Scrum Methode wurde seiner Zeit in der Softwareentwicklung in der Technologiebranche eingesetzt, um diese zuverlässiger und erfolgreicher zu gestalten und die Lösungen effizient zu beschleunigen.[21] Das Phasenmodell Design Thinking für Veränderungsprozesse würde sich ebenfalls für die Transformation der Office-Ausstattung GmbH anbieten, da das Konzept darauf beruht nutzerorientiert, interdisziplinarische Arbeitsgruppen und Learning by Doing zu unterstützen. Da es allerdings viel Eigeninnovation und - initiative von Mitarbeitern benötigt, würde es zum jetzigen Zeitpunkt nicht passen und zu keinen kurzfristen Zielen führen.[22] Da nun eine schnelle und kompakte Lösung für den Umsetzungsrahmen benötigt wird, bietet sich die iterative Vorgehensweise aus vier Schritten von Scrum an, um kurzfristig zur Zielerreichung zu gelangen.[23]

7. *Intrinsische Motivation*

Intrinsische Motivation beschreibt einen Prozess, bei dem die Motivation aus einem Menschen aus eigenen Antrieb hervorkommt. Zu diesem Prozess können z.B. Verantwortung von wichtigen Tätigkeiten, Entscheidungsmöglichkeiten oder persönliche Entwicklungsmöglichkeiten führen, welche zu indirekt kontrollierbaren Belohnungen oder Selbstbestrafungen des Mitarbeiters lenken. Kann sich ein Mitarbeiter mit seiner Tätigkeit oder seiner zukünftigen Tätigkeit identifizieren, so zeigt er Eigeninitiative bzw. ist motiviert ein Ziel zu erreichen.[24] Nicht nur die Motivation des Mitarbeiters bzw. des Menschen ist wichtig, sondern die Führungsrolle sollte dabei nicht außer Acht gelassen werden.

---

[19] vgl. Stolzenberg, K., Heberle, K. 2021, S. 208.
[20] vgl. Stolzenberg, K., Heberle, K. 2021, S. 217-218.
[21] vgl. Schiersmann, C., Thiel, H.-U., 2018, S. 209-210.
[22] vgl. Schiersmann, C., Thiel, H.-U., 2018, S. 213-214.
[23] vgl. Gregs et al., 2018, S. 90-91.
[24] vgl. Berger, P., 2018, S. 93.

Führungskräfte sollten nicht nur nach einem Führungsstil agieren, sondern sollten unterschiedliche Führungsstile beherrschen, um situativ handeln zu können. Zu Beginn der Transformation der Office-Ausstattung GmbH bietet sich die partizipative Führung an, bei der Führungskräfte und Mitarbeiter gemeinsam Entscheidungen treffen. Durch die offene Kommunikation und die Anforderung eines Mindestmaß von Innovationsaffinität kann das Verhalten der Mitarbeiter von der Führungskraft gefördert werden. Es entsteht ein Vertrauensverhältnis zwischen Führungskraft und Mitarbeiter, welches entweder gestärkt oder komplett neu aufgebaut wird. Inwieweit dieser Führungsstil umgesetzt wird sollten die Mitarbeiter mit ihrer Führungskraft situativ entscheiden.[25]

8. Definition eines Change-Portfolios

Die bisher aufgezeigten Umsetzungsmöglichkeiten der Office-Ausstattung GmbH sollen in der heutigen digitalen Zeit eine Unternehmenssicherheit gewährleisten und auf die Herausforderungen des Unternehmens eingehen. Neue innovative Geschäftsideen sollen dabei miteingebracht und neue Geschäftsbereiche erschlossen werden. Die Interaktionen zwischen Mitarbeitern und Führungskraft sollen weiterentwickelt und offen gestaltet werden. Die bereits in der Phase Erzielung kurzfristigen Zielen erwähnt benötigt die Transformation eine klare und schnelle Struktur zur Umsetzung. Dafür könnte das Rad der agilen Veränderung eine Basis sein. Das Rad der agilen Veränderung wird in vier Schritten aufgeteilt. Der erste Schritt *Start mit dem Warum*', beschreibt den Grund warum eine Veränderung notwendig ist. Der zweite Schritt *Priorisierung und Design*' umfasst die relevanten Stakeholder und ein grober Plan mit einer strukturierten Umsetzungsidee. Der dritte Schritt *Experimentieren und implementieren*' beinhaltet den Veränderungsprozess mit den ersten Umsetzungen. Dabei gilt es erste und schnelle Ergebnisse zu erzielen. Der vierte und letzte Schritt *Prüfen und anpassen*' dient dazu einen Ist-/ Sollvergleich zu vollziehen, um Abweichungen zu erkennen und ggf. direkt gegenzusteuern bzw. daraus zu lernen. Sind diese vier Schritte abgeschlossen, beginnt der Kreislauf wieder von Beginn, um neue Erkenntnisse zu ergänzen.[26] Eine Beispieldarstellung dazu ist in *Anlage 1 Abbildung 1: Das Rad der agilen Veränderung* dargestellt.

Um für die Mitarbeiter eine Transparenz zu schaffen, sollten alle Aufträge visuell dargestellt werden. Dafür eignet sich ein Kanban Board. Die Kanban Methode ist neben der Scrum Methode die weitverbreiteste agile Methode, um den Fokus auf kontinuierliche Verbesserungen des Arbeitsablaufs darzustellen. Des Weiteren zeigt das Kanban Board auf, an welchen Stellen des Ablaufs die Umsetzung gestört ist, um dort Gegenmaßnahmen zu veranlassen.[27] Ein beispielhaftes Kanban Board ist in *Anlage 2 Abbildung 2: Kanban Board* dargestellt.

---

[25] vgl. Groß, M., et al., 2019, S. 93-94.
[26] vgl. Gregs et al., 2018, S. 90-93.
[27] vgl. Wiedenroth, W., 2018, S. 251-252.

3.2. Ursache und Umgang mit möglichen Widerständen

Schon der Ausgangspunkt dieser Fallstudie – Führungswechsel bei der Office-Ausstattung GmbH - impliziert, dass Veränderungen in einem Unternehmen oft kein Selbstläufer sind, sondern von Führungskräften mit einem ausgearbeitet Change-Management Konzept begleitet werden müssen. So müssen auch Widerstände der Mitarbeiter gegen die Veränderungen mit Hilfe der Führungskräfte bewältigt werden. Ursachen für einen Widerstand können unterschiedlicher Natur sein, wie z.b. mangelndes Verständnis der zukünftigen Veränderungen, Unsicherheit durch fehlende Informationen oder Verlust von Freiheiten.[28] Die meisten Veränderungen werden auf Basis reiner Fakten geplant, während die Emotionen der Mitarbeiter nicht berücksichtigt werden. Durch die erhöhten Leistungsanforderungen entsteht bei den Mitarbeitern ein ‚Ohnmachtsgefühl' oder gar Empörung, was sich als Ärger oder Frust widerspiegelt.[29] Solange es im Unternehmen kein ‚Dringlichkeitsgefühl' für die Notwendigkeit von Veränderungen gibt, wird es keine Veränderungen geben. Mitarbeiter beginnen in der Regel erst dann nach Alternativen zu suchen, wenn sie mit der Situation sehr unzufrieden sind. Es liegt nicht in der Natur des Menschen, proaktiv Probleme zu lösen, bevor die Notwendigkeit der Problemlösung nicht deutlich wird.[30] [31] Daher ist es wichtig, dass die Mitarbeiter das Change-Management Konzept annehmen, ansonsten ist der ganze Prozess zum Scheitern verurteilt. Dies kann sich in Form von z.B. Streiks durch erhöhte Fehlzeiten, Leistungs- und Qualitätseinschränkungen oder Versetzungswünschen äußern. In einem Change Prozess können immer Widerstände in unterschiedlichster Form auftreten.[32] Der Widerstand und der alte Führungsstil der Office-Ausstattung GmbH führte zu einem Stillstand innerhalb des Unternehmens, der sich ebenso negativ auf den geschäftlichen Erfolg auswirkte. Um den Stillstand zukünftig mit neuen Führungsverständnis zu überwinden und wieder in die Wettbewerbsfähigkeit zu gelangen, sollten die Mitarbeiter anhand von Fort- und Weiterbildungen, neuer Kommunikation, Mitarbeiterbeteiligung und der Darstellung der neuen Vision, miteinbezogen werden. Da es sich hierbei um klassische Verhaltensmuster eines Change Prozesses handelt, können die Reaktionen und Befindlichkeiten der betroffenen Mitarbeiter in sieben Phasen eines Verlaufs aufgezeigt werden. Dies wird in *Anlage 3 Abbildung 3: Verlauf von Verhaltensmustern im Change-Management Prozess* dargestellt.[33] Die Herausforderung liegt nun bei Martin Schmidt, seine Mitarbeiter in die Transformation einzubinden und ihnen die Ängste und Sorgen zu nehmen. Das beschriebene Digital Change 2.0 Modell sieht dabei eine Integration der Mitarbeiter bei der aktiven Gestaltung der Transformation vor. Hierbei erhalten die Mitarbeiter Freiraum für Ideen, Innovationen und Feedback sowie Transparenz und Entscheidungsfreiraum. Als Experten des Unternehmens können sie so ihr Know-How zukünftig an eine jüngere Generation

---

[28] vgl. Müller, H-E., Wrobel, M., 2021, S. 313-314.
[29] vgl. Doppler, K., Voigt, B., 2012, S. 111-112.
[30] vgl. Kotter, J. P., 2007, S. 33.
[31] vgl. Lauer, T., 2019, S. 21.
[32] vgl. Staehle, W. H., 1994, S. 920-921.
[33] vgl. Kreutzer, R. T. et al., 2017, S. 221.

weitergeben.[34] Abschließend ist noch zu erwähnen, dass Fort- und Weiterbildungen für die Mitarbeiter ein wichtiges Instrument sind, welches als für die digitale Transformation unbedingt eingesetzt werden muss. Die Mitarbeiter erhalten hierbei die Chance ihre Bedenken gegen die digitale Welt abzulegen und mit ihr zu arbeiten. Es entstehen neue Entwicklungsmöglichkeiten und berufliche Perspektiven für jeden einzelnen Mitarbeiter und verhindert Widerstände im Unternehmen.[35]

4. Abschluss

Die digitale Transformation von Unternehmen in den unterschiedlichsten Unternehmensbereichen ist notwendig und für jeden Mitarbeiter eine Herausforderung. Jeder Mitarbeiter sollte aktiv in die Veränderungen eingebunden werden, um mit gebündelten Kräften zielgerecht eine erfolgreiche Umsetzung zu absolvieren. Das Know-How sowie die Ideen jedes einzelnen können in einem komplexen Change Prozess neue Synergien wecken und Herausforderungen klein wirken lassen. Durch den Führungswechsel steht Martin Schmidt vor der Herausforderung, seine Mitarbeiter im anstehenden Change Prozess mitzunehmen, zu motivieren und bei der Umsetzung zu helfen. Wie bereits erwähnt sollte Martin Schmidt hierbei stets auf eine offene Kommunikation setzen und die Mitarbeiter mit einbinden. Den veralteten Führungsstil seines Vaters sollte er auf keinen Fall anwenden.

Die Office-Ausstattung GmbH steht ganz am Anfang ihrer Transformation und da der neue Geschäftsführer bereits alle Mitarbeiter kennt und von ihnen geschätzt wird, besteht hier bereits eine Basis für die zwischenmenschliche Beziehung, die nun in der Rolle als neuer Geschäftsführer ausgebaut werden muss. Motivationsmaßnahmen zur Steigerung der Motivation sowie Weiter- und Fortbildungsmaßnahmen bei den Mitarbeitern müssen hierbei berücksichtigt werden. Dies ist ein Prozess, da sich Mitarbeiter, die früher stets Ablehnung für ihre Ideen erhalten haben, nun nicht mehr trauen könnten ihre Ideen kundzutun. Dies ist ein langer Weg, der mit den aufgezeigten Maßnahmen, wie z.B. die Implementierung eines Ideenmanagements oder Aufbau von Projektgruppen ein guter Start sein wird und die Vertrauensbasis der Mitarbeiter gegenüber dem Geschäftsführer ausbaut. Wichtig zu erwähnen ist, dass die Entscheidung für ein theoretisches Modell unbedingt mit praktischem Leben gefüllt werden müssen, als bloße Idee am Flipchart macht die Transformation keinen Sinn. Das beschriebene Change-Management Konzept basiert auf Jahrzehnte alter Erfahrungen anderer Branchen und garantiert keinen sofortigen Erfolg. Die digitale Transformation muss mit dem entsprechenden Mindset vorangetrieben werden, welches aus einer Überzeugung resultiert und nicht aus Zwang. Sollte dies geschehen, kann in den entsprechend Phasen/ Stufen des Konzeptes eine Anpassung zum Unternehmen erfolgen, um potenzielle Eigenheiten des Unternehmens sowie der Mitarbeiter zu berücksichtigen. Wichtig dabei ist, die Transparenz sowie die wertschätzende offene Kommunikation gegenüber allen Mitarbeitern und ein moderner Führungsstil, der auf die Belange der Mitarbeiter eingeht und diese nicht kategorisch ablehnt, eingeht.

---

[34] vgl. Stolzenberg, K., Heberle, K. 2021, S. 174-175.
[35] vgl. Rolle, J., 2018, S. 135-138.

IV. Literaturverzeichnis

Andresen, J. (2018).
Führung – der entscheidende Erfolgsfaktor. In Lang, M., Scherber, S. (Hrsg.), Der Weg zum agilen Unternehmen – Wissen für Entscheide. Carl Hanser Verlag.

Berger, P. (2018).
Praxiswissen Führung: Grundlagen – Reflexion – Haltung. Springer Gabler. Hamburg.

Doppler, K., Voigt, B. (2012).
Feel the Change! Wie erfolgreiche Change Manager Emotionen steuern, Campus Verlag. Frankfurt/ New York.

Fortmann, H. R. (2020).
Digitalisierung im Mittelstand – Trends, Impulse und Herausforderungen der digitalen Transformation. Springer Gabler. Wiesbaden.

Gregs, H.-J., Schatilow, L. C., Thun, M. V. (2018).
Agiles Change Management – der Weg einer erfolgreichen Veränderung. In Lang, M. & Scherber, S. (Hrsg.), Der Weg zum agilen Unternehmen – Wissen für Entscheider (S. 81-97). Carl Hanser Verlag.

Groß, M., Müller-Wiegand, M., Pinnow, D. F. (2019).
Zukunftsfähige Unternehmensführung - Ideen, Konzepte und Praxisbeispiele. Springer Fachmedien.

Hüther, G., Roth, W., Brück, M. v. (2008).
Damit das Denken Sinn bekommt: Spiritualität, Vernunft und Selbsterkenntnis. Herder Verlag. Freiburg.

Kreutzer, R.T., Neugebauer, T., Pattloch, A. (2017).
Digital Business Leadership – Digitale Transformation – Geschäftsmodell-Innovation – agile Organisation – Change-Management, Springer Gabler, Wiesbaden.

Kotter, J. P. (2007,).
Leading Change: Wie Sie Ihr Unternehmen in achten Schritten erfolgreich verändern, Verlag Franz Vahlen. München.

Kupiek, M. (2020).
Digital Leadership, Agile Change und die Emotion Economy: Emotion als Erfolgsfaktor der digitalen Transformation. Springer Gabler.

Kugler, S., Anrich, F. (2018).
Digitale Transformation im Mittelstand mit System – Wie KMU durch eine innovative Kultur den digitalen Wandel schaffen, Springer Gabler. Wiesbaden.

Lauer, T. (2019).
Change Management – Grundlagen und Erfolgsfaktoren, 3. vollständig überarbeitete und erweiterte Auflage, Springer Gabler, Berlin.

Miebach, B. (2020).
Digitale Transformation von Wirtschaft und Gesellschaft: Wie KI, Social Media und Big Data unsere Lebenswelt verändern, Springer Fachmedien Wiesbaden GmbH.

Müller, H-E., Wrobel, M. (2021).
Unternehmensführung: Strategie – Management – Praxis, 4. vollständig überarbeitete und erweiterte Auflage, De Gruyter Oldenburg, Berlin.

Oswald, G. und Krcmar, H. (2018).
Digitale Transformation: Fallbeispiele und Branchenanalysen (Informationsmanagement und digitale Transformation), Springer Gabler. Wiesbaden.

Pfeiffer, J. (2019).
Grundlagen der agilen Produktentwicklung. Basiswissen zu Scrum, Kanban, Lean Development. Peppair

Rolle, J. (2018).
Das Vorgehen - den Weg der agilen Transformation gestalten. In A. Häusling (Hrsg.), Agile Organisationen - Transformation erfolgreich gestalten - Beispiele agiler Pioniere (S. 117-144). Haufe Lexware Verlag.

Schiersmann, C./ Thiel, H.-U. (2018).
Organisationsentwicklung - Prinzipien und Strategien von Veränderungsprozessen. Springer Fachmedien.

Staehle, W. H. (1994).
Management: Eine verhaltenswissenschaftliche Perspektive, 7. Auflage, Verlag Vahlen, München.

Stolzenberg, K., Heberle, K. (2021).
Change Management: Veränderungsprozesse erfolgreich gestalten - Mitarbeiter mobilisieren. Vision, Kommunikation, Beteiligung, Qualifizierung, 4. Auflage, Springer.

Ternés, A., Schieke, S. (2018).
Mittelstand 4.0 – Wie mittelständische Unternehmen bei der Digitalisierung den Anschluss nicht verpassen, Springer Gabler. Wiesbaden.

Wiedenroth, W. (2018).
Kanban – der alternative Pfad zu Agilität. In Lang, M., Scherber, S. (Hrsg.), Der Weg zum agilen Unternehmen – Wissen für Entscheider (S. 251-271). Carl Hanser Verlag.

V. Anhang

Anlage 1

Abbildung 1: Das Rad der agilen Veränderung
(Quelle: Eigene Darstellung auf Basis von Gregs et al., 2018, S. 90.)

Anlage 2

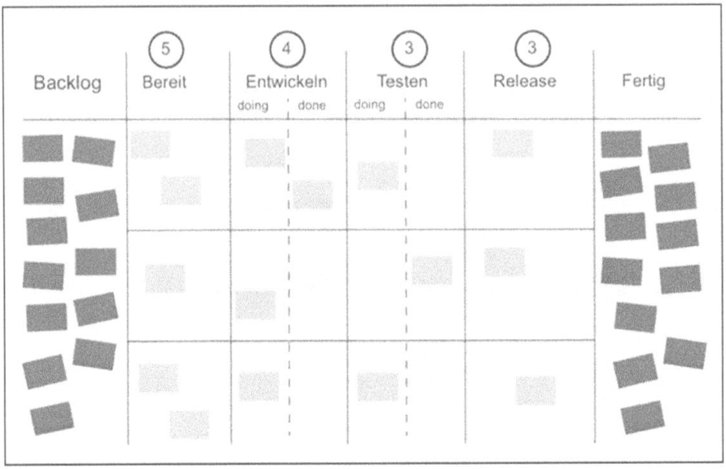

Abbildung 2: Kanban Board
(Quelle: Eigene Darstellung auf Basis von Pfeiffer, J., 2019, S. 78.)

Anlage 3

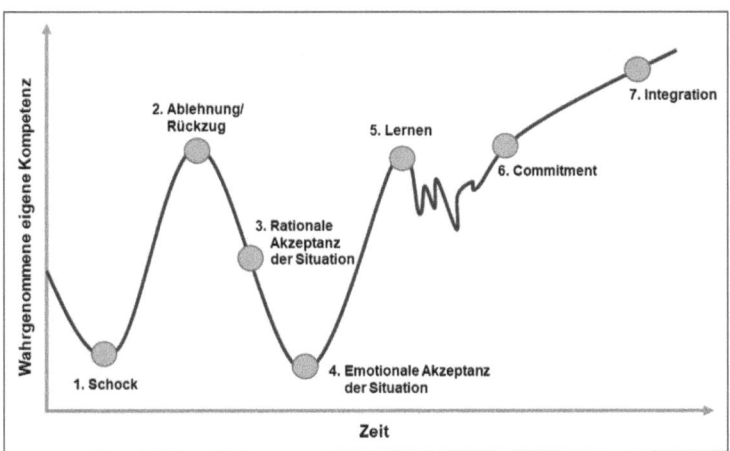

Abbildung 3: Verlauf von Verhaltensmustern im Change-Management Prozess
(Quelle: Eigene Darstellung auf Basis von Kreutzer, R. T. et al., 2017, S. 217.)

BEI GRIN MACHT SICH IHR WISSEN BEZAHLT

- Wir veröffentlichen Ihre Hausarbeit, Bachelor- und Masterarbeit

- Ihr eigenes eBook und Buch - weltweit in allen wichtigen Shops

- Verdienen Sie an jedem Verkauf

Jetzt bei www.GRIN.com hochladen und kostenlos publizieren